L'incroyable corps humain

LES FONCTIONS CORPORELLES

BARBARA LOWELL

SAUNDERS
BOOK COMPANY

Publié par Saunders Book Company,
27 Stewart Road, Collingwood, ON Canada L9Y 4M7

U.S. Publication copyright © 2019 Black Rabbit Books

Jennifer Besel, édition; Grant Gould, conception graphique; Omay Ayres, recherches photographiques; Anne-Sophie Seidler, traduction de l'anglais

Catalogage avant publication de Bibliothèque et Archives Canada

Lowell, Barbara
[Bodily functions. Français]
     Les fonctions corporelles / Barbara Lowell.

(L'incroyable corps humain)
Traduction de: Bodily functions.
Comprend des références bibliographiques et un index.
ISBN 978-1-77092-447-5 (couverture rigide)

     1. Physiologie humaine--Ouvrages pour la jeunesse. I. Titre.
II. Titre: Bodily functions. Français

QP37.L6914 2018   j612   C2018-900383-9

Imprimé aux Chine

Crédits photos :
Alamy : Science Photo Library, 12;
Robert Read, 4-5; Scott Camazine, 18-19
(homme); Science Source : 3D4Medical, 25 (h);
Asklepios Medical Atlas, 25 (c); Shutterstock : AF Studio,
7; Alena Ohneva, 15 (bulles); Alexilusmedical, 1; Anatomy
Insider, 3, 6; Andrea Danti, 21 (h); BLACKDAY, 21 (c); Blend
Images, 28 (h); chompoo09, 11 (haut); Chris Collins, 21 (b);
cliplab.pro, 25 (b); giorgiomtb, 16-17 (cerveau); Hong Vo, 11
(artichaut); Kateryna Kon, 10-11, 29 (h), 32; Lester Balajadia, 19
(g); Life science of anatomy, 28 (b); Lightspring, 16; lineartestpilot,
Couverture, 29 (gaz); Lotus Images, 11 (haricots de Lima); Nattika, 11
(petits fruits); Patagonian Stock AE, 22; Ralf Juergen Kraft, Cover, 29
(squelette); Sebastian Kaulitzki, 15 (estomac), 26; Sergiy Kuzmin,
11 (pois); solarseven, 19 (d); Vector for u, Couverture (fond), 29;
YevO, 13 (lignes); Yoko Design, 8-9, 31; Zern Liew, 13 (sac)
Tout a été fait pour communiquer avec les titulaires des
droits d'auteur de ce livre. En cas d'omission, et sur
avis du détenteur, l'éditeur ajoutera la mention
de droit d'auteur dans le prochain tirage
du livre.

TABLE DES MATIÈRES

CHAPITRE 1

Pleins GAZ!

Le petit garçon a bien aimé ses haricots. Ils étaient délicieux. Mais il ne se doute pas de ce qui va lui arriver. Avant qu'il ne puisse réagir, son corps lâche un gaz.

Les pets sont à la fois embarrassants et drôles. Mais ils sont également importants. Tout le monde fait caca, pipi, vomit et fait des pets. Ces fonctions corporelles nous aident à rester en santé.

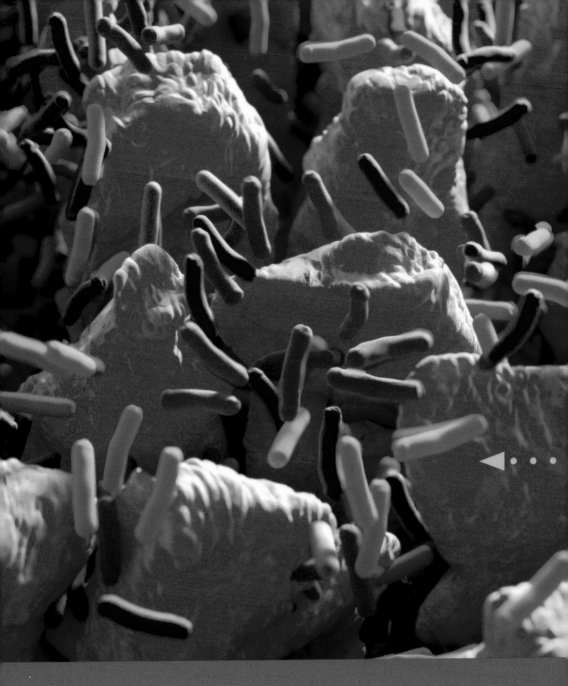

Le pipi contient de nombreuses choses dont le corps souhaite se débarrasser. Une grande partie est composée d'eau en trop. Mais on y retrouve également des cellules mortes ainsi que des substances chimiques.

CHAPITRE 2

Petit tour aux TOILETTES

De nombreuses fonctions corporelles sont actives aux toilettes. Faire caca en est une. Le corps humain absorbe les **nutriments** provenant des aliments. Dans le gros intestin, des **bactéries** mangent les **fibres** que le corps ne peut digérer tout seul. Tout ce dont le corps n'a pas besoin ressort sous forme de caca.

LES ALIMENTS ENTRENT, LE CACA SORT

Les dents broient la nourriture et la salive commence à la décomposer.

Le suc gastrique continue à décomposer la nourriture.

Les muscles de l'œsophage font glisser la nourriture vers l'estomac.

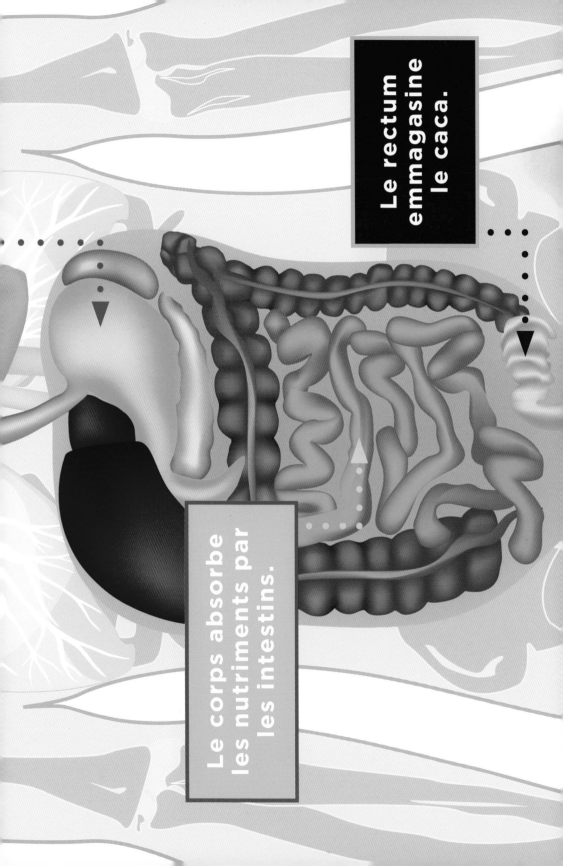

Le rectum emmagasine le caca.

Le corps absorbe les nutriments par les intestins.

Les gaz

Tout le monde fait plusieurs pets par jour. Ces gaz sont en partie causés par les bactéries. • • • • • • • • • • • • • • ▶

Lorsque les bactéries mangent les fibres, elles créent du gaz. Il faut ensuite que ce gaz sorte du corps. La plupart des pets sortent discrètement. Les aliments très riches en fibres produisent des gaz odorants.

Aliments riches en fibres

HARICOTS

PETITS POIS

FRAMBOISES

ARTICHAUTS

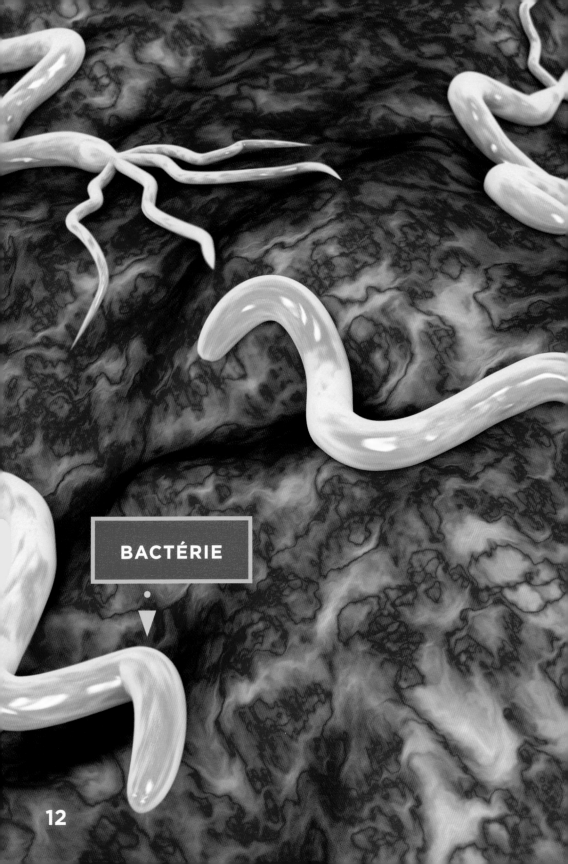

BACTÉRIE

Le vomi

Le corps vomit pour se débarrasser de choses qui le rendent malade. Parfois, des **virus** ou de mauvaises bactéries pénètrent dans notre corps.

Les **nerfs** détectent le problème. Ils envoient un message au cerveau. Le cerveau dit aux muscles abdominaux de se contracter. Les muscles poussent tout ce qui se trouve dans l'estomac vers le haut et l'expulsent vers l'extérieur.

Des astronautes ont laissé des sacs de vomi sur la Lune!

CHAPITRE 3

Connaître les
FONCTIONS

Roter, éternuer ou cligner des yeux peut
sembler ridicule. Mais ces fonctions ont
également leur importance.

Roter ne sert pas seulement à faire
rigoler les copains. Lorsque nous
mangeons et buvons, nous avalons en
même temps de l'air. Parfois, trop d'air
reste coincé dans l'estomac. Le corps
presse l'air vers l'extérieur par la bouche,
c'est le rot.

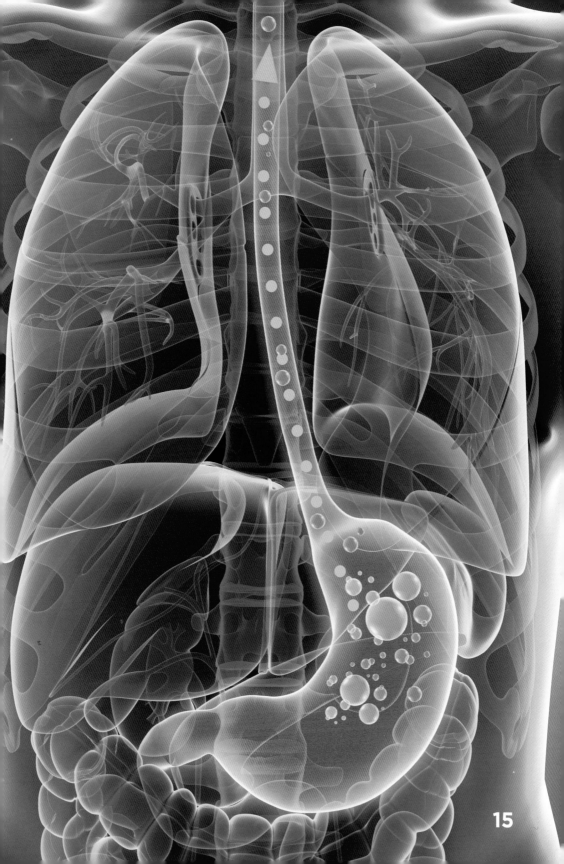

L'éternuement

Lorsque nous respirons, nous **inhalons** de la poussière et des microbes. Nous éternuons pour nous en débarrasser. De petits nerfs situés dans le nez détectent le problème. Ils envoient un message au cerveau. Le cerveau donne l'ordre au corps de bloquer l'air à l'intérieur. Les muscles de la gorge, de la poitrine et de l'abdomen se contractent. Lorsque tous ces muscles se relâchent, l'air, la poussière et les microbes sont évacués par la bouche.

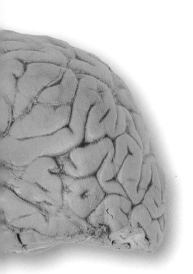

éternuement

VITESSE

de plus de 160 kilomètres par heure

ouragan de
catégorie 2

VITESSE
de 154 à 177
kilomètres
par heure

tornade EF1
VITESSE
de 138 à 177
kilomètres par heure

Le clignement des yeux

Le clignement des yeux peut être comparé aux essuie-glaces d'une voiture. Des **glandes** situées au-dessus des globes oculaires fabriquent les larmes. Les larmes servent entre autres à nettoyer la poussière et le pollen. Cligner des yeux permet de garder les yeux bien humides.

Certains scientifiques pensent également que nous clignons des yeux pour permettre au cerveau de se reposer un très court instant.

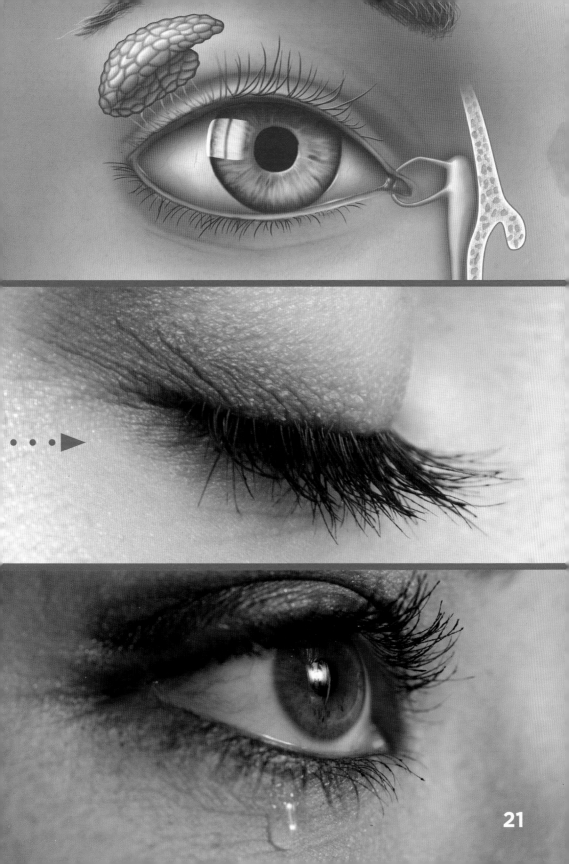

Les animaux bâillent eux aussi!

Le bâillement

Croyez-le ou non, mais les scientifiques
ne savent toujours pas pourquoi nous
bâillons. Une hypothèse serait que
bâiller nous aide à nous réveiller.
Une autre hypothèse serait que bâiller
permet de refroidir notre cerveau.
Les scientifiques cherchent toujours
une réponse à cette question.

CHAPITRE 4

CHAUD et froid

Pour pouvoir bien fonctionner, le corps a
besoin d'avoir une température constante.
La température idéale du corps humain
est d'environ 37 degrés Celsius. Parfois,
la température corporelle monte ou
descend. Le corps travaille alors pour
remédier à cela.

Lorsqu'il fait chaud ou qu'on fait un
exercice physique, le corps se réchauffe.
Transpirer permet au corps de se refroidir.
Nous suons toujours un peu, même
lorsqu'il fait froid.

La transpiration

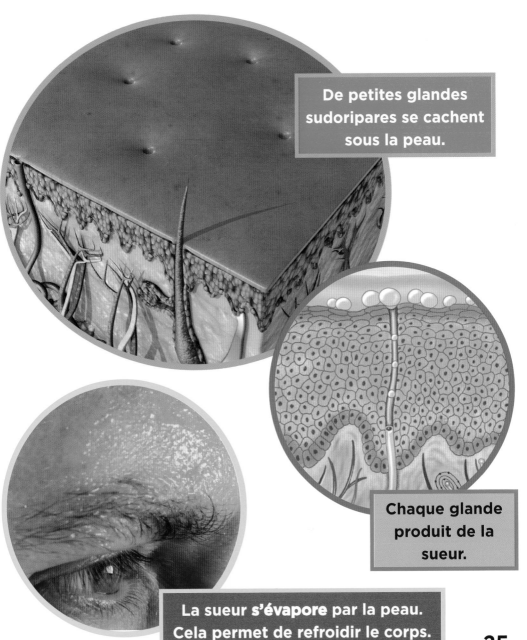

De petites glandes sudoripares se cachent sous la peau.

Chaque glande produit de la sueur.

La sueur **s'évapore** par la peau. Cela permet de refroidir le corps.

Le frisson

Lorsqu'il fait très froid, la température du corps chute. Pour se réchauffer, le cerveau dit aux muscles de se contracter et de se relâcher rapidement. Ce mouvement musculaire est appelé frisson. Il permet au corps de se réchauffer.

Le corps humain est incroyable. Il dispose de tant de moyens pour prendre bien soin de lui-même. Nous n'avons même pas besoin d'y penser.

QUELQUES CHIFFRES

15 à 20
nombre de clignements des yeux par minute

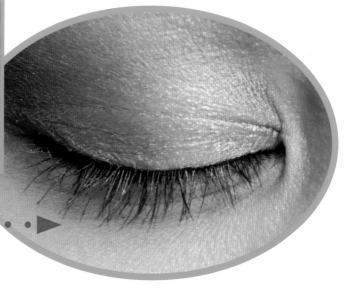

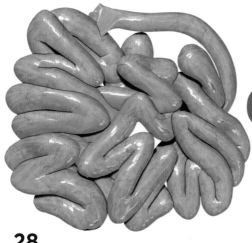

environ 6 mètres (20 pi)
LONGUEUR DE L'INTESTIN GRÊLE

NOMBRE ESTIMÉ DE BACTÉRIES QUI VIVENT DANS LE VENTRE D'UNE PERSONNE

100
TRILLIONS

2 À 4
MILLIONS
nombre de glandes

sudoripares

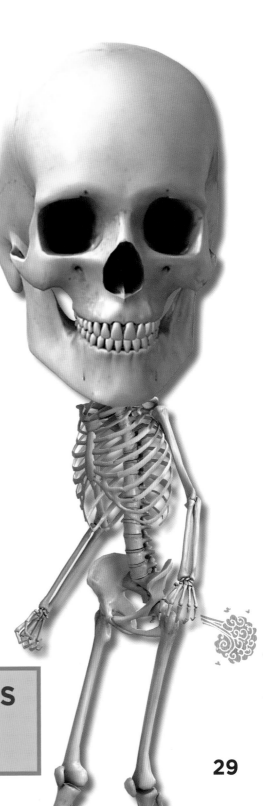

environ
15

NOMBRE DE PETS EFFECTUÉS CHAQUE JOUR

GLOSSAIRE

bactérie : minuscule être vivant

cellule : élément minuscule qui constitue la base de la structure des êtres vivants

s'évaporer : passer de l'état liquide à l'état gazeux

fibre : matière généralement non digestible contenue dans les aliments

glande : partie du corps qui produit une substance qui peut être utilisée par le corps ou évacuée par celui-ci

globe oculaire : œil

inhaler : respirer quelque chose

nerf : bande de tissu qui relie des parties du système nerveux avec les autres organes du corps

nutriment : substance alimentaire dont les êtres humains et les animaux ont besoin pour être en santé

virus : minuscule organisme qui cause une maladie

INDEX

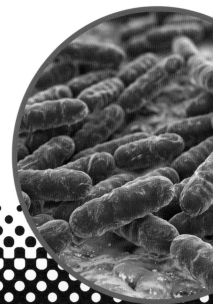